Red Line **1**

Vokabellernheft

Herausgeber: Dr. Frank Haß

Ernst Klett Verlag
Stuttgart • Leipzig

Liebe Schülerin, lieber Schüler,

mit diesem Vokabellernheft im praktischen Taschenformat kannst du überall deine Wörter lernen, wiederholen und nachschlagen.

In den Wortlisten kannst du Wörter und Wendungen, die dir schwierig vorkommen, mit Textmarker oder Bleistift markieren, um sie dann immer wieder durchzugehen.

Auch die vielen Übungen nach jeder Unit unterstützen dich bei der Wiederholung. So kannst du dich prima auf Vokabeltests vorbereiten.

In den Übungen, die mit diesem Zeichen ● gekennzeichnet sind, übst du die blau gedruckten Wörter.

Hinter jedem Wort ist die Lautschrift (z. B. [heləʊ] für *Hello!*) angegeben. Diese hilft dir, wenn du nicht weißt, wie du das Wort aussprechen sollst.

Hilfreiche Hinweise zum Umgang mit den Lautschriftzeichen findest du **in deinem Englischbuch** auf Seite 183 und ab Seite 238 am unteren Rand aller *Dictionary*-Seiten.

Viel Erfolg beim Vokabellernen!

Welcome – Hello!

p. 8

welcome (to) ['welkəm (tʊ)]	willkommen (bei/in)
Hello. [hə'ləʊ]	Hallo.
I'm (= I am) [aɪm]	ich bin
the [ðə]	der; die *(auch Pl.)*; das
bat [bæt]	Fledermaus
Nice to meet you.	Nett, dich kennen zu lernen.
[ˌnaɪs tə 'miːt ju]	
What's your name?	Wie heißt du?
[ˌwɒts jə 'neɪm]	
I like [aɪ 'laɪk]	ich mag
English ['ɪŋglɪʃ]	Englisch
Hi. [haɪ]	Hi.; Hallo.
My name is … [maɪ 'neɪm ɪz]	Ich heiße …
Hello there. [hə'ləʊ ˌðeə]	Hallo.; Grüß dich.
music ['mjuːzɪk]	Musik
And you? [ənd 'juː]	Und du?
sport [spɔːt]	Sport
animal ['ænɪml]	Tier
computer [ˌkəm'pjuːtə]	Computer
It's time to go.	Es ist Zeit, zu gehen.
[ɪts ˌtaɪm tə 'gəʊ]	
See you later. [si: jə 'leɪtə]	Tschüss.; Bis bald.
yes [jes]	ja
Bye. [baɪ]	Tschüss.
Goodbye. [gʊd'baɪ]	Auf Wiedersehen.
See you. ['si: ju:]	Tschüss.; Bis bald.

numbers

zero 0 ['zɪərəʊ]	null		**six 6** [sɪks]	sechs
one 1 [wʌn]	eins		**seven 7** ['sevn]	sieben
two 2 [tu:]	zwei		**eight 8** [eɪt]	acht
three 3 [θri:]	drei		**nine 9** [naɪn]	neun
four 4 [fɔ:]	vier		**ten 10** [ten]	zehn
five 5 [faɪv]	fünf			

Zoom in – In a park

p. 10	**in** [ɪn]	in
	a [ə]	ein; eine
	park [pɑːk]	Park
	colour [ˈkʌlə]	Farbe
	activity [ækˈtɪvəti]	Aktivität
	number [ˈnʌmbə]	Nummer; Zahl
	people [ˈpiːpl]	Leute; Menschen
	dog [dɒg]	Hund
	tennis [ˈtenɪs]	Tennis
	boy [bɔɪ]	Junge
p. 11	**I spy with my little eye …**	ich sehe was, was du nicht
	[aɪ spaɪ wɪð ˌmaɪ lɪtl ˈaɪ]	siehst …
	something [ˈsʌmθɪŋ]	etwas
	it's (= it is) [ɪts]	es ist
	here [hɪə]	hier
	bus [bʌs]	Bus
	I can play football.	Ich kann Fußball spielen.
	[aɪ kən ˈpleɪ fʊtbɔːl]	
	I can buy … [aɪ kən ˈbaɪ]	ich kann … kaufen

colours

red	[red]	rot	brown	[braʊn]	braun
green	[griːn]	grün	white	[waɪt]	weiß
blue	[bluː]	blau	orange	[ˈɒrɪndʒ]	orange
yellow	[ˈjeləʊ]	gelb	purple	[ˈpɜːpl]	lila; violett
black	[blæk]	schwarz	pink	[pɪŋk]	rosa; pink
grey	[greɪ]	grau			

1 Write a dialogue. Schreibe einen Dialog.

Yes. See you later.

Hello, I'm Jonas …

It's time to go …

My name is Elena …

What's your name?

… Nice to meet you.

Jonas: _____

_____

Elena: _____

_____

Jonas: _____

Bye!

Elena: _____

Bye!

2 Write sentences. Schreibe Sätze (über dich selbst).

Hallo! Ich heiße … _____

Ich mag (Sport, Tiere, _____
Musik …)

_____

Auf Wiedersehen! _____

3 Write what you like. Schreibe auf, was du gerne magst.

 1. I like _____ .

 2. I like _____ .

 3. I like _____ .

 4. I like _____ .

 5. I like _____ .

4 Write the numbers in words.
Schreibe die Zahlen in Worten auf.

1. one + two = _____

2. ten − two = _____

3. three + four = _____

4. ten : two = _____

5. two x three = _____

6. ten − one = _____

7. four + four = _____

5 What are the words? Wie heißen die Wörter?

1. ortsp _____

2. oeplep _____

3. bnemru _____

4. kapr _____

5. lcoruo _____

6. tvitiyac _____

6 Choose the right word. Wähle das richtige Wort aus.

1. The dog is in the _____ (bat/park).

2. He's _____ (black/blue) and white.

3. And he's _____ (cool/sport).

4. He and Ben can _____ (buy/play).

5. Ben: I can buy _____ (bus/something) here.

6. Ben: And _____ (tennis/music) is a cool sport

   here.

7. Ben: I like _____ (activities/dog) in the park.

7 Find the 11 colours. Finde die elf Farben.

g	b	b	y	m	b	r	p
r	l	t	i	s	r	e	d
e	u	w	b	h	o	g	w
y	e	l	l	o	w	r	w
u	p	s	a	b	n	e	h
f	d	k	c	u	o	e	i
p	i	n	k	p	w	n	t
w	w	p	u	r	p	l	e
g	o	r	a	n	g	e	l

8 What colour? Welche Farbe ist es?

1. red + blue = _____

2. blue + yellow = _____

3. yellow + red = _____

4. black + _____ = grey

5. red + white = _____

6. orange + black = _____

Unit 1 I'm from Greenwich

Way in

p. 12	**I'm from ...** ['aɪm ˌfrɒm]	ich komme aus …
	this [ðɪs]	das; dies
	my [maɪ]	mein
	bike [baɪk]	Fahrrad
	cool [kuːl]	cool; super
	fan [fæn]	Fan
	eleven [ɪ'levn]	elf
	How old are you?	Wie alt bist du?
	[haʊ ˌ'əʊld ə ˌjuː]	
	he's (= he is) [hiːz]	er ist
	crazy ['kreɪzi]	verrückt
p. 13	**that's (= that is)** [ðæts]	das ist
	England ['ɪŋglənd]	England
	Where are you from?	Woher kommst du?
	[ˌweər ə ju 'frɒm]	
	pet [pet]	Haustier
	they're (= they are) [ðeə]	sie sind
	guinea pig ['gɪniː ˌpɪg]	Meerschweinchen
	twelve [twelv]	zwölf
	lucky number [ˌlʌki 'nʌmbə]	Glückszahl
	cat [kæt]	Katze
p. 12	**photo** ['fəʊtəʊ]	Foto
p. 13	**Germany** ['dʒɜːməni]	Deutschland

Lerne Vokabeln auch einmal schriftlich.
Decke die rechte Spalte ab und übersetze
die englischen Wörter ins Deutsche.
Versuche ohne Buch, deine deutschen
Vokabeln wieder schriftlich ins Englische
zu übertragen.

Station 1

family

dad / father [dæd / 'fɑːðə]	Papa / Vater	**aunt** [ɑːnt]	Tante
mum / mother [mʌm / 'mʌðə]	Mama / Mutter	**uncle** ['ʌŋkl]	Onkel
parents *(pl)* ['peərnts]	Eltern	**cousin** ['kʌzn]	Cousin; Cousine
sister ['sɪstə]	Schwester	**grandmother** ['græn,mʌðə]	Großmutter
brother ['brʌðə]	Bruder	**grandfather** ['græn,fɑːðə]	Großvater

p. 14	**her** [hɜː]	ihr; sie
	family ['fæmli]	Familie
	with [wɪð]	mit
	we're (= we are) [wɪə]	wir sind
	garden ['gɑːdn]	Garten
	nice [naɪs]	nett
	she's (= she is) [ʃiːz]	sie ist
	next to ['nekst tə]	neben
	me [miː]	mich; mir
	but [bʌt]	aber
	I have [aɪ hæv]	ich habe
	no brothers [nəʊ 'brʌðəz]	keine Brüder
	me [miː]	*hier:* ich
	our [aʊə]	unser
	his [hɪz]	sein
	name [neɪm]	Name
	too [tuː]	auch
	friend [frend]	Freund; Freundin
	of [ɒv]	von
p. 17	**you're (= you are)** [jɔː]	du bist
	e-mail ['iːmeɪl]	E-Mail

personal pronouns

I [aɪ]	ich	**we** [wiː]	wir
you [juː]	du; Sie	**you** [juː]	ihr; Sie
he [hiː]	er	**they** [ðeɪ]	sie *(Pl.)*
she [ʃiː]	sie		
it [ɪt]	es		

Station 2

room things

table [ˈteɪbl]	Tisch	**bed** [bed]	Bett
shelf *(sg)* [ʃelf], **shelves** *(pl)* [ʃelvz]	Regal; Regal-brett	**wardrobe** [ˈwɔːdrəʊb]	Kleider-schrank
chair [tʃeə]	Stuhl	**trainer** [ˈtreɪnə]	Turn-schuh
box [bɒks]	Box; Kiste	**carpet** [ˈkɑːpɪt]	Teppich
mobile (phone) [ˈməʊbaɪl (ˌfəʊn)]	Handy; Mobil-telefon	**scarf** *(sg)* [skɑːf], **scarves** *(pl)* [skɑːvz]	Schal; Tuch
T-shirt [ˈtiːʃɜːt]	T-Shirt	**lamp** [læmp]	Lampe
poster [ˈpəʊstə]	Poster	**alarm clock** [əˈlɑːm ˌklɒk]	Wecker
book [bʊk]	Buch; Heft		

p. 18 **bedroom** [ˈbedrʊm]   Schlafzimmer; **Kinderzimmer**

       Saturday [ˈsætədeɪ]   Samstag

       at home [ət ˈhəʊm]   zu Hause

who [hu:]	wer
It's me! [ɪts 'mi:]	Ich bin es!
Are you ready? [ɑː ju: 'redi]	Bist du bereit?; Bist du fertig?
under ['ʌndə]	unter
late [leɪt]	spät
I can't find ...	ich kann ... nicht finden
[aɪ kɑːnt 'faɪnd]	
new [njuː]	neu
What colour is ...?	Welche Farbe hat ...?
[ˌwɒt 'kʌlə ɪz]	
there's (= there is) [ðeəz]	da ist; dort ist; es gibt
on [ɒn]	auf; an
where [weə]	wo; wohin; woher
there are [ðeər ɑː]	da sind; es gibt
your [jɔː]	dein; euer; Ihr
no [nəʊ]	nein
room [ruːm]	Zimmer; Raum
mess [mes]	Unordnung; Durcheinander
what's (= what is) [wɒts]	was ist
p. 19 **right** [raɪt]	richtig; korrekt
wrong [rɒŋ]	falsch

Reading corner

p. 22 **tree house** ['tri: ˌhaʊs]	Baumhaus
house [haʊs]	Haus
tree [tri:]	Baum
wood [wʊd]	Holz
ladder ['lædə]	Leiter
busy ['bɪzi]	beschäftigt
later ['leɪtə]	später
ready ['redi]	fertig; bereit
p. 23 **then** [ðen]	dann; danach
night [naɪt]	Nacht
funny ['fʌni]	merkwürdig; komisch
noise [nɔɪz]	Geräusch
no one ['nəʊ wʌn]	niemand

wind [wɪnd]	Wind
dream [driːm]	Traum

Film corner

rooms

bedroom [ˈbedrʊm]	Schlafzimmer; Kinderzimmer	**kitchen** [ˈkɪtʃɪn]	Küche
living room [ˈlɪvɪŋ ˌrʊm]	Wohnzimmer	**bathroom** [ˈbɑːθrʊm]	Bad(ezimmer)

p. 25 **around the house** [əˌraʊnd ðə ˈhaʊs] zu Hause

hair straightener [ˈheə ˌstreɪtnə] Haarglätter

Well, look … [wel ˈlʊk] Na ja, schau mal … nach

thanks [θæŋks] danke

Listening skills

p. 31 **dining room** [ˈdaɪnɪŋ ˌrʊm] Esszimmer

let's play [ˌlets ˈpleɪ] lass(t) uns spielen

funny [ˈfʌni] lustig; witzig

game [geɪm] Spiel

great [greɪt] großartig; toll

Look! [lʊk] Schau mal!

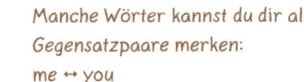

Manche Wörter kannst du dir als Gegensatzpaare merken:
me ↔ you
right ↔ wrong
black ↔ white

1 Find the ten words and write them.

Finde die zehn Wörter und schreibe sie auf.

1. _____

2. _____

3. _____

4. _____

5. _____

6. _____

7. _____

8. _____

9. _____

10. _____

2 Write the family words.

Schreibe die Wörter zum Thema Familie auf.

m_____ / m_____

f_____ / d_____

family

b_____

s_____

● 3 Write more family words.

Schreibe mehr Wörter zum Thema Familie auf.

_____

_____

4 What's that in English? Was heißt das auf Englisch?

1. seine Schwester _____

2. ihr Bruder _____

3. mein Freund _____

4. unsere Familie _____

5. mein Haus _____

5 Write the words. Schreibe die Wörter auf.

1. _____

2. _____

3. _____

4. _____

5. _____

6. _____

7. _____

6 Write down the missing letters.

Ergänze die fehlenden Buchstaben.

1. h __ u __ e

2. f __ __ __ y

3. l __ t __ r

4. t __ __ n

5. __ __ eam

6. ni __ h __

7. bu __ __

8. t __ __ e

7 Where can you find it?

Wo kannst du die Gegenstände finden?

1.  _____

2. _____

3.  _____

4. _____

5.  _____

6. _____

8 Draw four pictures. Zeichne vier Bilder.

1. The chair is <u>on</u> the bed.
2. The ball is <u>on</u> the shelf.
3. The cat is <u>under</u> the bed.
4. The books are <u>in</u> the box.

1.	2.
3.	4.

9 Put in the right words. Setze die richtigen Wörter ein.

1.  The book is _____ the table.

2.  The dog is _____ the boy.

3.  The mobile is _____ the chair.

4.  The bike is _____ the ladder.

5.  The bat is _____ the box.

●10 Find nine bedroom words. Write the words in English and German. Finde neun Wörter. Schreibe sie auf Englisch und Deutsch auf.

A	B	E	P	L	A	M	P
C	O	F	S	C	A	R	F
A	O	D	O	O	H	K	I
I	K	B	D	M	B	S	S
T	C	A	R	P	E	T	T
I	I	S	H	U	T	C	A
P	B	E	D	T	F	H	B
G	U	R	N	E	D	L	L
W	A	R	D	R	O	B	E
I	T	R	A	I	N	E	R

1. lamp – Lampe, 2. _____

_____

_____

_____

●11 Write the words. Schreibe die Wörter auf.

1. onies _____

2. satpren _____

3. encul _____

4. wodo _____

5. laarm lcokc _____

6. rladed _____

7. eter hueso _____

8. erday _____

Unit 2 This is my school

Way in

p. 32	**school** [sku:l]	Schule
	to **go** [gəʊ]	gehen; fahren
	to [tu:]	in; nach; zu
	year [jɪə]	Jahr; Jahrgangsstufe; Klasse
	uniform ['ju:nɪfɔ:m]	Uniform
	favourite ['feɪvrɪt]	Lieblings-
	place [pleɪs]	Platz; Stelle; Ort
	at school [ət 'sku:l]	in der Schule
	playground ['pleɪgraʊnd]	Schulhof; Pausenhof; Spielplatz
	to **talk (to)** [tɔ:k]	sprechen (mit); reden (mit)
p. 33	**cafeteria** [kæfə'tɪəriə]	Cafeteria; Mensa
	to **eat** [i:t]	essen
	food [fu:d]	Essen; Nahrung; Lebensmittel
	Mrs ['mɪsɪz]	Frau *(Anrede)*
	caretaker ['keəˌteɪkə]	Hausmeister; Hausmeisterin
	very ['veri]	sehr
	classroom ['klɑ:srʊm]	Klassenzimmer
	tutor group ['tju:tə ˌgru:p]	Klasse *(in einer englischen Schule)*
	tutor ['tju:tə]	Klassenlehrer; Klassenlehrerin
	Mr ['mɪstə]	Herr *(Anrede)*
	Maths [mæθs]	Mathe
	teacher ['ti:tʃə]	Lehrer; Lehrerin
	recording studio [rɪ'kɔ:dɪŋ ˌstju:diəʊ]	Tonstudio
	student ['stju:dnt]	Schüler; Schülerin; Student; Studentin
	to **sing** [sɪŋ]	singen
p. 32	**I don't like** [aɪ ˌdəʊnt 'laɪk]	ich mag nicht; gefällt mir nicht

Station 1

school things

pen [pen]	Füller; Stift	**calculator** ['kælkjəleitə]	(Taschen-) Rechner
exercise book ['eksəsaiz ˌbʊk]	Übungsheft	**pencil case** ['pensl ˌkeis]	Feder- mäppchen
ruler ['ru:lə]	Lineal	**glue** [glu:]	Klebstoff
eraser [i'reizə]	Radier- gummi	**felt-tip** [ˌfelt'tip]	Filzstift
pencil ['pensl]	Bleistift; Buntstift	**pencil sharpener** ['pensl ˌʃɑ:pnə]	Anspitzer
bag [bæg]	Tasche		

p. 34

Wednesday ['wenzdei]	Mittwoch
to **sit** [sit]	sitzen
don't talk [ˌdəʊnt 'tɔ:k]	sei still; rede nicht
please [pli:z]	bitte
to **close** [kləʊz]	schließen; zumachen
window ['windəʊ]	Fenster
call me ['kɔ:l ˌmi]	nenne mich
good [gʊd]	gut
singer ['siŋə]	Sänger; Sängerin
to **dance** [dɑ:ns]	tanzen
really ['riəli]	wirklich
girl [gɜ:l]	Mädchen
for [fɔ:]	für
to **sit down** [sit 'daʊn]	sich (hin)setzen
now [naʊ]	jetzt; nun
talent show ['tælənt ˌʃəʊ]	Talentwettbewerb
next [nekst]	nächste
week [wi:k]	Woche
to **take out** [ˌteik 'aʊt]	herausnehmen
to **open** ['əʊpn]	öffnen; aufmachen

	to **look at** [ˈlʊk‿ət]	anschauen
	board [bɔːd]	Tafel
	to **do** [duː]	machen; tun
	put your hands up [pʊt jɔː ˌhændz‿ˈʌp]	meldet euch
	show [ʃəʊ]	Show; Aufführung
p. 35	**an** [ən]	ein; eine
	Here you are. [ˌhɪə juˈɑː]	Bitte schön.
	Thank you. [ˈθæŋk ju]	Danke.
p. 36	to **write** [raɪt]	schreiben
	finger [ˈfɪŋgə]	Finger
	song [sɒŋ]	Lied
	to **read** [riːd]	lesen
	to **read** [riːd]	lesen
	question [ˈkwestʃən]	Frage
	answer [ˈɑːnsə]	Antwort
p. 37	to **listen (to)** [ˈlɪsn]	zuhören; anhören; hören
	group [gruːp]	Gruppe
	to **say** [seɪ]	sagen; sprechen
	to **put** [pʊt]	setzen; legen; stellen
	hand [hænd]	Hand

the board

Du kannst dir ein Wort besser merken, wenn du es in deinem Kopf mit einem Bild verbindest.

Station 2

days

Monday ['mʌndeɪ] **(Mon)**	Montag
Tuesday ['tjuːzdeɪ] **(Tues)**	Dienstag
Wednesday ['wenzdeɪ] **(Wed)**	Mittwoch
Thursday ['θɜːzdeɪ] **(Thurs)**	Donnerstag
Friday ['fraɪdeɪ] **(Fri)**	Freitag
Saturday ['sætədeɪ] **(Sat)**	Samstag
Sunday ['sʌndeɪ] **(Sun)**	Sonntag

school subjects

(DT) [ˌdiːˈtiː] **Design Technology** [dɪˌzaɪn tekˈnɒlədʒi]	Technik
PE [ˌpiːˈiː] **(Physical Education)** [ˌfɪzɪkl edʒʊˈkeɪʃn]	Sportunterricht
Maths [mæθs]	Mathe
French [frentʃ]	Französisch
Art [ɑːt]	Kunst
Science [saɪəns]	Wissenschaft; Naturwissenschaft
English ['ɪŋglɪʃ]	Englisch
Music ['mjuːzɪk]	Musik
German ['dʒɜːmən]	Deutsch
RE [ˌɑːˈriː] **(Religious Education)** [rɪˌlɪdʒəs ˌedʒʊˈkeɪʃn]	Religionsunterricht
IT [ˌaɪˈtiː] **(Information Technology)** [ɪnfəˌmeɪʃn tekˈnɒlədʒi]	Informatik; Informationstechnik

History ['hɪstri]	Geschichte
Geography [dʒɪ'ɒgrəfi]	Geografie; Erdkunde
Biology [baɪ'ɒlədʒi]	Biologie

p. 38	**at break** [ət 'breɪk]	in der Pause
	lesson ['lesn]	Schulstunde; Unterricht
	Ms [mɪz]	Frau *(Anrede)*
	timetable ['taɪm͵teɪbl]	Stundenplan
	subject ['sʌbdʒɪkt]	Schulfach
	easy ['iːzi]	einfach; leicht
	You're right. [jɔː ͵'raɪt]	Du hast Recht.
	to be good at [bi 'gʊd ͵ət]	gut sein in; gut sein bei
	not [nɒt]	nicht
	spelling ['spelɪŋ]	Rechtschreibung
	joke [dʒəʊk]	Witz
	interesting ['ɪntrəstɪŋ]	interessant
	on Tuesday [͵ɒn 'tjuːzdeɪ]	am Dienstag
	day [deɪ]	Tag
	to spell [spel]	buchstabieren
	like [laɪk]	wie
	yours [jɔːz]	deine; eure; Ihre
	registration [͵redʒɪ'streɪʃn]	Überprüfung der Anwesenheit
p. 39	**boring** ['bɔːrɪŋ]	langweilig
	difficult ['dɪfɪklt]	schwierig
	fun [fʌn]	Freude; Spaß
	alphabet ['ælfəbet]	Alphabet

the alphabet

a [eɪ]	g [dʒiː]	m [em]	s [es]	x [eks]
b [biː]	h [eɪtʃ]	n [en]	t [tiː]	y [waɪ]
c [siː]	i [ai]	o [əʊ]	u [juː]	z [zed]
d [diː]	j [dʒeɪ]	p [piː]	v [viː]	
e [iː]	k [keɪ]	q [kjuː]	w	
f [ef]	l [el]	r [ɑː]	['dʌbl juː]	

Reading corner

p. 42	**trick** [trɪk]	Trick; Streich
	saxophone ['sæksəfəʊn]	Saxophon
	lunch [lʌnʃ]	Mittagessen
	talent ['tælənt]	Talent
	to **see** [si:]	sehen
	winner ['wɪnə]	Gewinner; Gewinnerin; Sieger; Siegerin
p. 43	**Well done!** [ˌwel 'dʌn]	Gut gemacht!
	star [stɑ:]	Star
	all [ɔ:l]	alle
	uncle ['ʌŋkl]	Onkel
	Indian ['ɪndiən]	indisch
	restaurant ['restrɒnt]	Restaurant

Film corner

p. 45	to **make friends** [ˌmeɪk 'frendz]	Freundschaften schließen
	chewing gum ['tʃu:ɪŋ ˌgʌm]	Kaugummi
	jeans *(pl)* [dʒi:nz]	Jeans
	film [fɪlm]	Film

Falls du das Workbook zu Red Line 1 mit Lernsoftware hast, kannst du deine Aussprache damit gezielt üben: Die Wörter werden vorgesprochen. Versuche sie so genau wie möglich nachzusprechen und nimm dich mit dem Mikro auf.

1 Find the words and make sentences with can.

Finde die Verben und bilde Sätze mit can.

naced • kalt • og • isgn • tea • poen

1. I can _____ in the cafeteria.

2. I _____ to school.

3. I _____ the window.

4. I _____ my favourite song.

5. I _____ in my room.

6. I _____ to Mrs Preston.

2 School: Find and write the words.

Schule: Finde die Wörter.

sgyearkeuniformlwoschooleoplacethaplaygroundfolteacher

a) Write the words.
Schreibe die Wörter auf.

b) What is it in German?
Wie heißt es auf Deutsch?

1. _____   _____

2. _____   _____

3. _____   _____

4. _____   _____

5. _____   _____

6. _____   _____

3 Write the words. Schreibe die Wörter auf.

1. _____

2. _____

3. _____

4. _____

5. _____

6. _____

4 What's the word? Setze das richtige Wort ein.

1. In my bag there is a _____
   (caretaker/red pencil).

2. I can _____ (read/write) with a pen.

3. In my bag there is _____
   (an eraser/a window).

4. You can _____ (close/sit) on a chair.

5. Teacher: _____ (open/dance) your books.

6. I can write the answer in my _____
   (ruler/exercise book).

5 Complete the words. Vervollständige die Wörter.

1. w__ __k

2. s__ __g__ __

3. __ __ass__ __ __m

4. v__ __ __

5. w__ __ __o__

6. ta__ __nt   __ __ __w

7. p__ __ __s__

8. r__ __ __ __ __y

9. re__ __ __ __ __ __ __   s__ __dio

10. tu__ __r

6 Write the words and find the pairs.

Schreibe die Wörter auf, dann finde die Paare.

1. _____   finger

2. _____   girl

3. _____   answer

4. _____   song

5. _____   close

6. _____   student

7 Write a or an. Schreibe a oder an.

1. _____ animal
2. _____ tree
3. _____ exercise book
4. _____ board
5. _____ boy

6. _____ window
7. _____ activity
8. _____ eraser
9. _____ girl
10. _____ answer

8 Put in the right verbs. Setze die richtigen Verben ein.

1. I can _____ a book in the playground.

2. You can _____ to Mrs Preston.

3. Please _____ next to me.

4. Can we _____ to music in the classroom?

5. Is it easy? – Yes, you can _____ it!

6. Listen and _____ the words.

7. Now _____ the words in your exercise book.

8. You can _____ at the board.

9 Complete Luke's sentences. Vervollständige Lukes Sätze.

School timetable					
	Mon	Tue	Wed	Thu	Fri
Lesson 1	Maths	Art	Science	Design Technology	German
Lesson 2	French	German	Science	Art	Physical Education

1. On _____ I have Art and _____ .

2. I have German on _____ and _____ .

3. On _____ I have _____ and French.

4. And on _____ I have Science.

10 And Tom? Vervollständige Toms Sätze.

1. Tom's favourite subject is  _____ .

2. He has  _____

   on Tuesday and Friday.

3.  _____ is interesting.

4. He has no school on _____ and _____ .

5. _____ isn't his favourite subject.

11 Find the words and write them.

Finde die Wörter und schreibe sie auf.

1. itemltaeb _____

2. usjbetc _____

3. pllesngi _____

4. plahateb _____

5. koje _____

6. selson _____

12 What's that in German/English?

Wie sagst du das auf Deutsch/Englisch?

1. Du hast Recht. _____ .

2. I'm good at French. _____

_____ .

3. You make friends. _____

_____ .

4. Ich mag Kaugummi. _____ .

5. Kannst du das bitte buchstabieren? _____

_____ ?

●**13** **What's wrong here?** Unterstreiche die Wörter, die hier nicht passen, und schreibe sie auf Deutsch auf.

1. History – boring – Geography _____

2. winner – felt-tip – pencil sharpener _____

3. saxophone – Science – Maths _____

4. star – music – restaurant _____

5. sing – dance – difficult _____

●**14** **School things or school subjects?**
Schreibe die Wörter in die jeweils richtige Spalte.

Information Technology • felt-tip • Geography • RE • calculator •
Maths • pencil case • glue • History • PE • pen

School things	School subjects
_____	_____
_____	_____
_____	_____
_____	_____
_____	_____
	_____

Unit 3 My free time

Way in

p. 52 **free time** [ˌfriː ˈtaɪm] Freizeit
after [ˈɑːftə] nach
on Wednesdays mittwochs
[ɒn ˈwenzdeɪz]
to **watch TV** [ˌwɒtʃ tiːˈviː] fernsehen
programme [ˈprəʊgræm] Programm; Sendung
to **want (to)** [wɒnt] wollen
famous [ˈfeɪməs] berühmt
netball [ˈnetbɔːl] Korbball
team [tiːm] Team; Mannschaft
to **win** [wɪn] gewinnen; siegen
a lot [əˈlɒt] viel
to **love** [lʌv] lieben; gern mögen

p. 53 **practice** [ˈpræktɪs] Training; Übung
lunchtime [ˈlʌnʃtaɪm] Mittagszeit; Mittagspause
to **run** [rʌn] rennen; laufen
around [əˈraʊnd] herum; umher
captain [ˈkæptɪn] Kapitän; Kapitänin
to **help** [help] helfen
animal rescue shelter Tierheim
[ˌænɪml ˈreskjuː ˌʃeltə]

at [æt] an; in; um; bei; auf
weekend [ˈwiːkend] Wochenende
cinema [ˈsɪnəmə] Kino
to **watch** [wɒtʃ] ansehen
movie [ˈmuːvi] Film
every [ˈevri] jede
month [mʌnθ] Monat
science fiction [ˌsaɪəns ˈfɪkʃn] Science-Fiction

Station 1

animals

horse [hɔːs]	Pferd	**mouse** *(sg)* [maʊs], **mice** *(pl)* [maɪs]	Maus
monkey [ˈmʌŋki]	Affe		
bear [beə]	Bär	**bird** [bɜːd]	Vogel
tiger [ˈtaɪgə]	Tiger	**fish** *(sg)* [fɪʃ], **fish** *(pl)* [fɪʃ]	Fisch
elephant [ˈelɪfənt]	Elefant		
snake [sneɪk]	Schlange	**lion** [ˈlaɪən]	Löwe
parrot [ˈpærət]	Papagei	**flamingo** [fləˈmɪŋgəʊ]	Flamingo
giraffe [dʒɪˈrɑːf]	Giraffe	**zebra** [ˈzebrə]	Zebra
penguin [ˈpeŋgwɪn]	Pinguin	**crocodile** [ˈkrɒkədaɪl]	Krokodil
		camel [ˈkæml]	Kamel

Mit einem Partner oder einer Partnerin lernen sich Vokabeln leichter: Fragt euch gegenseitig ab.
A: Vogel?   B: Bird!

numbers 11 – 100

eleven 11 [ɪˈlevn]	elf
twelve 12 [twelv]	zwölf
thirteen 13 [θɜːˈtiːn]	dreizehn
fourteen 14 [ˌfɔːˈtiːn]	vierzehn
fifteen 15 [ˌfɪfˈtiːn]	fünfzehn
sixteen 16 [ˌsɪkˈstiːn]	sechzehn
seventeen 17 [ˌsevnˈtiːn]	siebzehn
eighteen 18 [ˌeɪˈtiːn]	achtzehn
nineteen 19 [ˌnaɪnˈtiːn]	neunzehn
twenty 20 [ˈtwenti]	zwanzig
twenty-one 21 [ˈtwentiˌwʌn]	einundzwanzig
twenty-two 22 [ˈtwentiˌtuː]	zweiundzwanzig
thirty 30 [ˈθɜːti]	dreißig
forty 40 [ˈfɔːti]	vierzig
fifty 50 [ˈfɪfti]	fünfzig
sixty 60 [ˈsɪksti]	sechzig
seventy 70 [ˈsevnti]	siebzig
eighty 80 [ˈeɪti]	achtzig
ninety 90 [ˈnaɪnti]	neunzig
a /one hundred 100 [ˈhʌndrəd]	einhundert

p. 54	**zoo** [zuː]	Zoo; Tierpark
	to **come** [kʌm]	kommen
	India [ˈɪndiə]	Indien
	years old [ˌjɪəzˈəʊld]	Jahre alt
	metre [ˈmiːtə]	Meter
	high [haɪ]	hoch; groß
	to **walk** [wɔːk]	gehen

	fruit [fruːt]	Frucht; Obst
	also [ˈɔːlsəʊ]	auch
	grass [grɑːs]	Gras
	to **sleep** [sliːp]	schlafen
	much [mʌtʃ]	viel
	only [ˈəʊnli]	nur
	four hours a day [ˌaʊəz̩ ə ˈdeɪ]	vier Stunden täglich
	age [eɪdʒ]	Alter
	meat [miːt]	Fleisch
	7 kilograms a day [ˌkɪləgræmz ə ˈdeɪ]	sieben Kilogramm täglich
	other [ˈʌðə]	andere; weitere
	information [ˌɪnfəˈmeɪʃn]	Information; Informationen
	centimetre *(cm)* [ˈsentɪˌmiːtə]	Zentimeter *(cm)*
	40 kilometres an hour [kɪˈlɒmiːtəz̩ ən ˈaʊə]	40 Kilometer pro Stunde
	small [smɔːl]	klein
	plant [plɑːnt]	Pflanze
	long [lɒŋ]	lang
	for five months [fə ˌfaɪv ˈmʌnθs]	fünf Monate lang
	winter [ˈwɪntə]	Winter
p. 55	to **work** [wɜːk]	arbeiten
	zookeeper [ˈzuːˌkiːpə]	Tierpfleger; Tierpflegerin
p. 56	**water** [ˈwɔːtə]	Wasser
p. 57	**banana** [bəˈnaːnə]	Banane
	to **live** [lɪv]	wohnen; leben
	Africa [ˈæfrɪkə]	Afrika
	profile [ˈprəʊfaɪl]	Profil; Steckbrief

Wenn du Wörter oder Redewendungen schwierig findest, schreibe sie auf und markiere die Schwierigkeiten deutlich mit Farbe, z. B. fourteen – forty.

Station 2

daily routines

get up [ˌgetˈʌp]	aufstehen	**have breakfast** [ˌhæv ˈbrekfəst]	frühstücken
eat ... [iːt]	... essen		
go ... [gəʊ]	... gehen	**have lunch** [ˌhaev ˈlʌnʃ]	zu Mittag essen
walk ... [wɔːk]	... gehen		
feed ... [fiːd]	... füttern	**go to bed** [ˌgəʊ tə ˈbed]	ins Bett gehen
play ... [pleɪ]	... spielen		
sleep [sliːp]	schlafen	**call** [kɔːl]	rufen; anrufen
clean ... [kliːn]	... sauber machen; ... putzen		

p. 58	**a busy day** [ə ˌbɪzi ˈdeɪ]	ein ausgefüllter Tag
	to **interview** [ˈɪntəvjuː]	interviewen; befragen
	magazine [ˌmægəˈziːn]	Zeitschrift
	when [wen]	wann
	o'clock [əˈklɒk]	Uhr *(Zeitangabe bei vollen Stunden)*
	why [waɪ]	warum
	early [ˈɜːli]	früh
	breakfast [ˈbrekfəst]	Frühstück
	first [fɜːst]	zuerst; als Erstes
	cage [keɪdʒ]	Käfig
	after that [ˌɑːftə ˈðæt]	danach
	afternoon [ˌɑːftəˈnuːn]	Nachmittag
	dirty [ˈdɜːti]	dreckig; schmutzig
	their [ðeə]	ihr
	work [wɜːk]	Arbeit
	What time is it? [ˌwɒt ˈtaɪm ˌɪz ˌɪt]	Wie spät ist es?
p. 59	**half past (two)** [ˌhɑːf ˈpɑːst]	halb (drei)

oh [əʊ]	null *(bei Uhrzeiten und Telefonnummern)*
past [pɑːst]	nach *(bei Uhrzeitangaben)*
quarter past [ˈkwɔːtə pɑːst]	Viertel nach
quarter to [ˈkwɔːtə tə]	Viertel vor
to [tuː]	vor *(bei Uhrzeitangaben)*
tea [tiː]	(frühes) Abendessen; Tee

Reading corner

p. 62	**café** [ˈkæfeɪ]	Café
	mystery [ˈmɪstri]	Rätsel; Geheimnis
	story [ˈstɔːri]	Geschichte
	to **take the dog for a walk** [ˌteɪk ðə dɒg fɔːˌr ə ˈwɔːk]	den Hund ausführen
	police officer [pəˈliːsˌɒfɪsə]	Polizeibeamter; Polizeibeamtin
	the first time [ðə ˌfɜːst ˈtaɪm]	das erste Mal
	to **have to** [ˈhæv tə]	müssen
	I don't know! [ˌaɪ dəʊnt ˈnəʊ]	Ich weiß (es) nicht!
	how [haʊ]	wie
	to **get in** [ˈget ɪn]	hereinkommen
	to **solve** [sɒlv]	lösen
	We can do it! [wiː ˌkən ˈduː ɪt]	Wir schaffen das!
	to **look around for …** [ˌlʊk əˈraʊnd]	sich nach … umsehen
	clue [kluː]	Hinweis; Spur
	nut [nʌt]	Nuss
	ceiling [ˈsiːlɪŋ]	Zimmerdecke
	hole [həʊl]	Loch
	raccoon [rəˈkuːn]	Waschbär

Film corner

p. 65	**the fastest** [ðə ˈfɑːstɪst]	der/die/das schnellste

1 Complete the sentences. Vervollständige die Sätze.

free time	team	cinema	every
netball	run	watch	football practice

1. On Wednesdays I go to the _____ .

2. After school I play _____ .

3. I help my family in my _____ .

4. At the weekend I go to _____ .

5. There I help my _____ .

6. On Sundays I _____ TV.

7. _____ day I _____ in the park.

2 Complete the words and write the German word.
Vervollständige die Wörter und schreibe sie auf Deutsch auf.

1. c a __ __ ai __   _____

2. f __ __ __ us   _____

3. __ ro __ nd   _____

4. pro __ __ a __ __ e   _____

5. lu __ c __ __ __ m __   _____

6. a __ __ __ r   _____

3 Find the words and write them.

Finde die Wörter und schreibe sie auf.

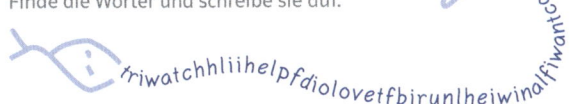

triwatchhliihelpfdiolovetfbirunlheiwinalfiwantococomefg

1. watch   ansehen

2. _____   _____

3. _____   _____

4. _____   _____

5. _____   _____

6. _____   _____

7. _____   _____

4 Words for pictures.   Finde die Wörter für die Bilder.

1.   _____

2.   _____

3.   _____

4.   _____

5.   _____

6.   _____

5 Write the number after the word.

Schreibe die Zahlen auf.

twenty-four   _____   twenty-nine   _____

eighty-eight   _____   fifty-eight   _____

thirty   _____   one hundred   _____

sixty-three   _____   twelve   _____

6 Write the numbers in words.

Schreibe die Zahlen in Worten auf.

1. eight + eight   = _____

2. nineteen + six   = _____

3. fifteen – three   = _____

4. thirty + thirty + thirty   = _____

5. ten + ten   = _____

6. thirty – thirteen   = _____

7. sixty-one + thirty-eight   = _____

8. a hundred – sixty   = _____

7 What's their food? Was fressen sie?

a) Write the words. Schreibe die Wörter.

1.

ssrga

_____

2.

nbaaans

_____

3.

team

_____

4.

tuifr

_____

5.

cemi

_____

6.

stplan

_____

b) Complete the sentences with the right word from a).
Ergänze die Sätze mit den richtigen Wörtern aus a).

1. A horse eats _grass_____ .

2. A monkey eats _____ .

3. A tiger eats _____ .

4. A p_____ .

5. A s_____ .

6. An e_____ .

8 Fred's day. Complete the sentences.

Ergänze die Sätze über Freds Tag.

1. Der Tierpfleger steht auf.

   The _____.

2. Er isst eine Banane zum Frühstück.

   He eats _____
   for _____.

3. Er geht zum Zoo.

   He _____ to the _____.

4. Zuerst füttert er die Pinguine.

   _____ he feeds the
   _____.

5. Danach spielt er mit den Affen.

   _____ he _____
   with _____.

6. Ihre Käfige sind schmutzig.

   Their _____ are _____.

7. Er putzt ihre Käfige.

   He _____ their _____.

8. Die Affen trinken nur Wasser.

   The monkeys _____ drink
   _____.

9. Er ist neun Stunden am Tag im Zoo.

   He is in the zoo for _____
   _____.

9 What are the words? Wie heißen die Wörter?

a) **Find the words.** (→↓) Finde die Wörter. (→↓)

G	M	E	A	T	L	U	W	H	Y
S	A	F	T	E	R	N	O	O	N
M	G	T	E	U	P	P	R	W	E
A	A	L	S	O	I	R	K	K	A
L	Z	G	F	S	T	O	R	Y	G
L	I	H	B	F	A	F	I	C	E
I	N	T	E	R	V	I	E	W	F
V	E	E	A	N	T	L	O	N	G
B	H	A	U	P	M	E	T	V	H

b) **Write the words down in English and German.**
   Schreibe die Wörter auf Englisch und Deutsch auf.

→ 1. _meat – Fleisch_   ↓ 8. _s_____

 2. _w_____   9. _m_____

 3. _a_____   10. _t_____

 4. _a_____   11. _p_____

 5. _s_____   12. _w_____

 6. _i_____   13. _h_____

 7. _l_____   14. _a_____

10 What time is it? Wie spät ist es?

Draw the time. Zeichne die Zeiten in die Uhren ein.

1. It's half past ten.

2. It's a quarter past four.

3. It's seven forty-five.

4. It's ten to nine.

11 Write the time in words. Schreibe die Uhrzeit in Worten auf.

1. `01:15`   It's _one fifteen_ .

2. It's _____ .

3. `05:30`   _____ in the morning.

4. _____

   or _____ .

5. `10:15`   _____ or

   _____ .

Unit 4 Let's celebrate!

Way in

months			
January ['dʒænjuri]	Januar	**August** ['ɔːgəst]	August
February ['februri]	Februar	**September** [sep'tembə]	September
March [mɑːtʃ]	März	**October** [ɒk'təʊbə]	Oktober
April ['eɪprl]	April	**November** [nə'vembə]	November
May [meɪ]	Mai		
June [dʒuːn]	Juni	**December** [dɪ'sembə]	Dezember
July [dʒʊ'laɪ]	Juli		

p. 70	to **celebrate** ['seləbreɪt]	feiern
p. 71	**Trick or treat!** [ˌtrɪk ə 'triːt]	Süßes, sonst gibt's Saures!
p. 70	**in August** [ɪn 'ɔːgəst]	im August
	special ['speʃl]	besonders; speziell
	to **wear** [weə]	tragen
	scary ['skeəri]	gruselig
	costume ['kɒstjuːm]	Kostüm
	nose [nəʊz]	Nase
	to **collect** [kə'lekt]	sammeln
	money ['mʌni]	Geld
	evening ['iːvnɪŋ]	Abend
	big [bɪg]	groß
	fire [faɪə]	Feuer
	to **to go to bed** [ˌgəʊ tə 'bed]	ins Bett gehen
	Eid [iːd]	Eid *(muslimisches Fest)*
	Muslim ['mʊzlɪm]	Muslim; Muslimin
	different ['dɪfrnt]	anders; unterschiedlich

together [tə'geðə]	zusammen; gemeinsam
to get [get]	bekommen; werden
clothes *(pl)* [kləʊðz]	Kleider *(Pl.)*; Kleidung
sweet [swi:t]	Süßigkeit; Bonbon
p. 71 **birthday** ['bɜ:θdeɪ]	Geburtstag
party ['pɑ:ti]	Party; Feier
Christmas ['krɪsməs]	Weihnachten

Station 1

ordinal numbers	
first (1st) [fɜ:st]	erste
second (2nd) ['seknd]	zweite
third (3rd) [θɜ:d]	dritte
fourth (4th) [fɔ:θ]	vierte
fifth (5th) [fɪfθ]	fünfte
sixth (6th) [sɪkθ]	sechste
seventh (7th) ['sevnθ]	siebte
eighth (8th) [eɪtθ]	achte
ninth (9th) [naɪnθ]	neunte
tenth (10th) [tenθ]	zehnte
eleventh (11th) [ɪ'levnθ]	elfte
twelfth (12th) [twelfθ]	zwölfte
thirteenth (13th) [ˌθɜ:'ti:nθ]	dreizehnte
fourteenth (14th) [ˌfɔ:'ti:nθ]	vierzehnte
fifteenth (15th) [ˌfɪf'ti:nθ]	fünfzehnte
sixteenth (16th) [ˌsɪk'sti:nθ]	sechzehnte

seventeenth (17th) [ˌsevn'ti:nθ]	siebzehnte
eighteenth (18th) [ˌeɪ'ti:nθ]	achtzehnte
nineteenth (19th) [ˌnaɪn'ti:nθ]	neunzehnte
twentieth (20th) ['twentiəθ]	zwanzigste
21st [ˌtwenti'fɜ:st]	einundzwanzigste
22nd [ˌtwenti'seknd]	zweiundzwanzigste
23rd [ˌtwenti'θɜ:d]	dreiundzwanzigste
24th [ˌtwenti'fɔ:θ]	vierundzwanzigste
25th [ˌtwenti'fɪfθ]	fünfundzwanzigste
26th [ˌtwenti'sɪkθ]	sechsundzwanzigste
27th [ˌtwenti'sevnθ]	siebenundzwanzigste
28th [ˌtwenti'eɪtθ]	achtundzwanzigste
29th [ˌtwenti'naɪnθ]	neunundzwanzigste
thirtieth (30th) ['θɜ:tiəθ]	dreißigste
fortieth (40th) ['fɔ:tiəθ]	vierzigste
fiftieth (50th) ['fɪftiəθ]	fünfzigste
sixtieth (60th) ['sɪkstiəθ]	sechzigste
seventieth (70th) ['sevntiəθ]	siebzigste
eightieth (80th) ['eɪtiəθ]	achtzigste
ninetieth (90th) ['naɪntiəθ]	neunzigste
hundredth (100th) ['hʌndrədθ]	hundertste

birthday activitles

to **have a fancy dress party** [ˌfænsi 'dres]	eine Verkleidungsparty machen
to **have a barbecue party** ['baːbɪkjuː]	eine Grillparty machen
to **invite my friends** [ɪn'vaɪt]	meine Freunde einladen
to **go to the cinema** ['sɪnəmə]	ins Kino gehen
to **watch movies** ['muːviːz]	Filme schauen
to have a picnic in the park ['pɪknɪk]	ein Picknick im Park machen
to have a sleepover ['sliːpˌəʊvə]	eine Übernachtungsparty machen
to go to a theme park ['θiːm ˌpaːk]	in einen Freizeitpark gehen
to go to a fast food restaurant [ˌfaːst fuːd 'restrɒnt]	in ein Fastfood-Restaurant gehen
to have a favourite meal ['feɪvrɪt ˌmiːl]	ein Lieblingsessen genießen

p. 72	**present** ['preznt]	Geschenk
	him [hɪm]	ihm; ihn
	surprise [sə'praɪz]	Überraschung
	on 7th July [ɒn ðə ˌsevnθ əv 'dʒʊlaɪ]	am 7. Juli
	barbecue ['baːbɪkjuː]	Grill
	always ['ɔːlweɪz]	immer
	chocolate ['tʃɒklət]	Schokolade
	to **make a cake** [ˌmeɪk ə 'keɪk]	einen Kuchen backen
	to **forget** [fə'get]	vergessen
	to **give** [gɪv]	geben
	card [kaːd]	Karte
	cute [kjuːt]	niedlich; süß
	never ['nevə]	nie; niemals
	often ['ɒfn]	oft; häufig
	sometimes ['sʌmtaɪmz]	manchmal

	bad [bæd]	schlecht
	fun [fʌn]	Spaß; Freude
p. 73	**date** [deɪt]	Datum; Zeitpunkt
	burger ['bɜːgə]	Hamburger
	ice cream [ˌaɪs 'kriːm]	Eiscreme; Eis
	strawberry ['strɔːbri]	Erdbeere

Station 2

food

coke [kəʊk]	Cola	**sandwich** ['sænwɪdʒ]	Sandwich; belegtes Brot
crisp [krɪsp]	Kartoffelchip	**cake** [keɪk]	Kuchen
butter ['bʌtə]	Butter	**peach** [piːtʃ]	Pfirsich
milk [mɪlk]	Milch	**biscuit** ['bɪskɪt]	Keks
chocolate ['tʃɒklət]	Schokolade	**flour** [flaʊə]	Mehl
egg [eg]	Ei	**lemonade** [ˌleməˈneɪd]	Limonade
sugar ['ʃʊgə]	Zucker	**pasta** ['pæstə]	Pasta; Nudeln
orange ['ɒrɪndʒ]	Orange		
cheese [tʃiːz]	Käse		

p. 76	**shopping** ['ʃɒpɪŋ]	Einkaufen
	balloon [bə'luːn]	Luftballon
	bar of chocolate [bɑːr əv 'tʃɒklət]	Tafel Schokolade
	candle ['kændl]	Kerze
	corner shop ['kɔːnə ˌʃɒp]	Tante-Emma-Laden
	How can I help you? [ˌhaʊ kæn aɪ 'help juː]	Was kann ich für dich tun?
	to need [niːd]	brauchen
	some [sʌm]	einige; ein paar
	thing [θɪŋ]	Sache; Ding

box [bɒks]	Schachtel
Anything else? [ˌeniθɪŋ ˈels]	Darf es sonst noch etwas sein?
packet [ˈpækɪt]	Packung; Tüte
How much (is/are) …? [ˌhaʊ ˈmʌtʃ ɪz/ɑː]	Wie viel (kostet/kosten) …?
… are 99p [ɑː ˌnaintinain ˈpens]	… kosten 99 Pence
that's £2.24 [ðæts ˌtuː paʊndz twentiˈfɔː]	das macht 2 Pfund und 24 Pence
You're welcome. [jɔː ˈwelkəm]	Gern geschehen.
Here's your change. [ˌhɪəz jɔː ˈtʃeɪndʒ]	Hier ist dein Wechselgeld.

p. 77

bottle [ˈbɒtl]	Flasche
can [kæn]	Dose

p. 78

I'm sorry. [aim ˈsɒri]	Es tut mir leid.; Entschuldigung.
CD [ˌsiːˈdiː]	CD

p. 79

shopping list [ˈʃɒpɪŋ ˌlist]	Einkaufszettel
Sorry, can you say that again, please? [sɒri kæn juː ˌsei ðæt əˈgen pliːs]	Entschuldigung, könntest du das bitte wiederholen?
Pardon? [ˈpɑːdn]	Wie bitte?

Reading corner

p. 80

witch [wɪtʃ]	Hexe
smurf [smɜːf]	Schlumpf
superman [ˈsuːpəmæn]	Superman
alien [ˈeɪliən]	Außerirdische; Außerirdischer
carnival [ˈkɑːnɪvl]	Karneval; Fasching
dancer [ˈdɑːnsə]	Tänzer; Tänzerin
narrator [nəˈreɪtə]	Erzähler; Erzählerin
invitation [ˌɪnvɪˈteɪʃn]	Einladung
Happy birthday! [ˌhæpi ˈbɜːθdeɪ]	Alles Gute zum Geburtstag!
the others [ðiˈʌðəz]	die anderen

	everyone ['evriwʌn]	jeder
	Be careful! [ˌbiː 'keəfl]	Sei vorsichtig!
	to **be scared** [bi 'skeəd]	Angst haben
	to **think** [θɪŋk]	denken; glauben
	pirate ['paɪrət]	Pirat; Piratin; Seeräuber; Seeräuberin
p. 81	**of course** [əv 'kɔːs]	natürlich; selbstverständlich
	dance [dɑːns]	Tanz
	to **take a photo** [ˌteɪk ə 'fəʊtəʊ]	ein Foto machen
	to **hear** [hɪə]	hören
	them [ðem]	sie *(Pl.)*
	doorbell ['dɔːbel]	Türklingel
	to **ring** [rɪŋ]	läuten; klingeln
	brilliant ['brɪliənt]	toll
	to **ask** [ɑːsk]	fragen
	into ['ɪntu]	in; hinein

Film corner

p. 83	**sleepover** ['sliːpˌəʊvə]	Übernachtung
	snack [snæk]	Snack; Imbiss
	to **like ... best** [ˌlaɪk 'best]	... am meisten mögen; ... am liebsten mögen

Writing skills

p. 88	**carrot** ['kærət]	Karotte
	lots of ['lɒtsˌəv]	viel; viele; jede Menge
	carrot pudding ['kærət ˌpʊdɪŋ]	*indische Nachspeise*
	dessert [dɪ'zɜːt]	Nachspeise
	drums *(pl)* [drʌmz]	Schlagzeug
	karaoke [ˌkæri'əʊki]	Karaoke
p. 89	**Dear ...,** [dɪə]	Liebe(r) ... *(Anrede in Briefen)*

1 **Find the months.** Finde die Monate.

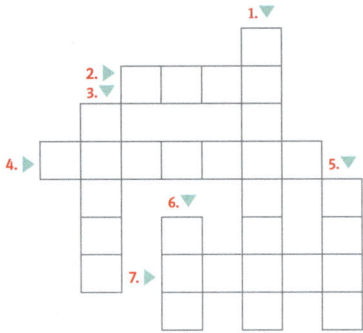

▶ 2. month number six
   4. month number one
   7. month number four

▼ 1. month number two
   3. month number three
   5. month number seven
   6. month number five

2 **Find more months.** Finde weitere Monate.

a) Write them in English and German.
Schreibe sie auf Englisch und Deutsch auf.

1. _____   _____

2. _____   _____

3. _____   _____

4. _____   _____

5. _____   _____

b) Write the right month. Schreibe den richtigen Monat auf.

1. Christmas: _____   2. New Year: _____

3 Find the opposite. Finde das Gegenteil.

1. small   ⟷   _____

2. always   ⟷   _____

3. bad   ⟷   _____

4. fire   ⟷   _____

4 How often? Wie oft?

a) Find the words. Translate them. Put them in the right order.
Finde die Wörter, übersetze sie und sortiere sie von
„immer" bis „nie".

veern ☹ → _____ [ ]

wasayl ☺☺☺ → _____ [1]

siesmotem ☺ → _____ [ ]

teonf ☺☺ → _____ [ ]

b) Complete the sentences. Vervollständige die Sätze.

1. I _____ (☺☺☺) get a cake

    on my birthday.

2. I _____ (☺) get up

    late at the weekend.

3. I _____ (☹) eat chocolate in our lessons.

4. I _____ (☺☺) eat chocolate at home.

5 Match the parts. Ordne die Teile zu.

1. mi   late

2. sand   ge

3. oran   ke

4. choco   lk

5. ca   ese

6. che   wich

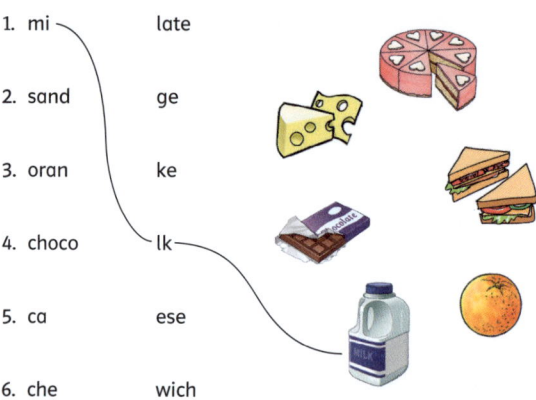

6 Food or drink? Make a list in the chart.
Essen oder Getränke? Ordne sie in die Tabelle ein.

water • bar of chocolate • crisp • sugar • butter • milk •
egg • coke • tea • nut

Food	Drink
_____	_____
_____	_____
_____	_____
_____	_____
_____	
_____	

7 How do you say it in English?

Wie sagt man das auf Englisch?

1. Lasst uns feiern!

   _____ !

2. Ich lade immer alle meine Freunde ein.

   I always _____ all _____ .

3. Zuerst essen wir meinen Geburtstagskuchen.

   First we _____ .

4. Dann gehen wir ins Kino.

   Then _____ .

5. Am Abend machen wir eine Grillparty.

   In the _____ we _____

   _____ .

8 Write what you eat and do on your birthday.

Schreibe, wie du deinen Geburtstag feierst.

We eat _____

_____ .

We _____

_____ .

9 Find and write the words in English and German.

Finde die Wörter. Schreibe sie auf Englisch und Deutsch auf.

1. _____ _____

2. _____ _____

3. _____ _____

4. _____ _____

5. _____ _____

6. _____ _____

7. _____ _____

8. _____ _____

10 Write the words. Schreibe die Wörter auf.

1. _____

2. _____

3. _____

4. _____

11 Write the words for the ordinal numbers.

Schreibe die Ordnungszahlen aus.

1st   _____

2nd   _____

9th   _____

12th   _____

20th   _____

100th   _____

12 Number and draw. Nummeriere und zeichne.

a) Write ordinal numbers under the boxes.

Nummeriere die Kästchen.

_____ *st* box   _____ box   _____ box   _____ box

b) Read and draw the things in the right box.

Lies, dann male den Gegenstand in das richtige Kästchen.

Draw a banana in the first box. Draw a nose in the third box.
Draw a CD in the fourth box. Draw clothes in the second box.

13 What are the party words? Welche Party-Wörter sind es?

a) Find the words (→ ↓). Finde die Wörter (→ ↓).

T	K	D	R	U	M	S	K	H	B	S
S	T	B	A	K	L	A	M	N	O	L
T	A	F	B	E	T	C	A	E	X	E
O	K	T	T	N	A	H	U	C	A	E
R	T	X	H	H	I	R	C	A	E	P
Y	B	R	I	L	L	I	A	N	T	O
B	A	J	N	C	U	S	R	D	C	V
S	M	N	G	B	O	T	T	L	E	E
N	I	T	S	I	H	M	B	E	I	R
A	A	E	Y	O	D	A	T	E	N	O
C	S	C	A	R	Y	S	W	E	E	T
K	I	N	V	I	T	A	T	I	O	N

b) Write the words down. Schreibe die Wörter auf.

→ 1. _d_____   ↓ 8. _s_____

2. _b_____   9. _s_____

3. _b_____   10. _t_____

4. _d_____   11. _C_____

5. _s_____   12. _c_____

6. _s_____   13. _b_____

7. _i_____   14. _s_____

● 14 Find the wrong word.

Finde das Wort, das nicht in die Reihe passt.

1. ring • hear • ask • of course

2. burger • ice cream • present • pasta

3. strawberry • flour • peach • orange

4. lemonade • milk • biscuit • coke

5. doorbell • superman • witch • pirate

6. Christmas • birthday • Eid • Halloween

● 15 Complete the sentences. Vervollständige die Sätze.

1. I'd like a bottle of _____ .

2. Oh, and let's buy a box of _____ .

3. Please buy a loaf of _____too.

4. Can I have a bar of _____, please?

5. We also need _____ .

6. I'd like a can of _____ .

7. I need a packet of _____

_____ .

Unit 5 Where I live

Way in

town

flat [flæt]	Wohnung	**café** [ˈkæfeɪ]	Café
road [rəʊd]	Straße	**park** [pɑːk]	Park
house [haʊs]	Haus	**station** [ˈsteɪʃn]	Bahnhof
swimming pool [ˈswɪmɪŋ ˌpuːl]	Schwimm-bad	**library** [ˈlaɪbri]	Bibliothek; Bücherei
shopping centre [ˈʃɒpɪŋ ˌsentə]	Einkaufs-zentrum	**department store** [dɪˈpɑːtmənt ˌstɔː]	Kaufhaus
		river [ˈrɪvə]	Fluss
sports shop [ˈspɔːts ˌʃɒp]	Sport-geschäft	**market** [ˈmɑːkɪt]	Markt
shop [ʃɒp]	Geschäft; Laden	**museum** [mjuːˈziːəm]	Museum
post office [ˈpəʊst ˌɒfɪs]	Postamt	**supermarket** [ˈsuːpəˌmɑːkɪt]	Super-markt

p. 90	**old** [əʊld]	alt
	town [taʊn]	Stadt
	ship [ʃɪp]	Schiff
p. 91	to **go swimming** [ˌgəʊ ˈswɪmɪŋ]	schwimmen gehen

Station 1

p. 92	**morning** [ˈmɔːnɪŋ]	Morgen; Vormittag
	tired [taɪəd]	müde
	yesterday [ˈjestədeɪ]	gestern
	was [wɒz]	simple past von *to be* (sein)

exciting [ɪkˈsaɪtɪŋ]	spannend; aufregend
won [wʌn]	simple past von *to win* (gewinnen)
Guess what? [ges ˈwɒt]	Weißt du was?
saw [sɔ:]	simple past von *to see* (sehen)
bought [bɔ:t]	simple past von *to buy* (kaufen)
trainer [ˈtreɪnə]	Turnschuh
went [went]	simple past von *to go* (gehen)
last [lɑ:st]	letzte
had [hæd]	simple past von *to have* (haben)
pizza [ˈpi:tsə]	Pizza
did [dɪd]	simple past von *to do* (machen)
to **do homework** [ˌdu: ˈhəʊmwɜ:k]	Hausaufgabe(n) machen
to **tell** [tel], told [təʊld]	erzählen; sagen
p. 95 **happy** [ˈhæpi]	glücklich

Manche Wörter prägen sich besser durch Beispielsätze ein. Überlege dir deine eigenen Beispielsätze:

We <u>won</u> our game!
I love <u>pizza</u>.
I was <u>tired</u> <u>yesterday</u>.
But I <u>did</u> my <u>homework</u>!

Station 2

transport

train [treɪn]	Zug		**helicopter** ['helɪkɒptə]	Helikopter; Hub-schrauber
car [kɑ:]	Auto			
ship [ʃɪp]	Schiff		**plane** [pleɪn]	Flugzeug
bus [bʌs]	Bus		**boat** [bəʊt]	Boot
bike [baɪk]	Fahrrad		**motorbike** ['məʊtəbaɪk]	Motorrad
submarine [ˌsʌbmrˈi:n]	U-Boot		**skateboard** ['skeɪtbɔ:d]	Skateboard
tram [træm]	Straßen-bahn		**underground** ['ʌndəɡraʊnd]	U-Bahn

p. 96	**trip** [trɪp]	Ausflug
	at the seaside [ət ðə 'si:saɪd]	am Meer
	It's two hours from here. [ɪts tu: 'aʊəz frɒm ˌhɪə]	Es ist zwei Stunden von hier entfernt.
	by (train) [baɪ]	mit (dem Zug)
	to get lost [ˌget 'lɒst], **got lost** [ˌgɒt 'lɒst]	sich verirren
	on the way [ˌɒn ðə 'weɪ]	auf dem Weg; unterwegs
	forgot [fə'ɡɒt]	simple past von *to forget* (vergessen)
	satnav ['sætnæv]	Navi
	Oh dear. [ˌəʊ 'dɪə]	Oje.
	sea [si:]	Meer
	cold [kəʊld]	kalt
	beach [bi:tʃ]	Strand
	frisbee ['frɪzbi]	Frisbeescheibe
	chips *(pl)* [tʃɪps]	Pommes frites
	vegetarian [ˌvedʒɪ'teəriən]	Vegetarier; Vegetarierin
	were [wɜ:]	simple past von *to be* (sein)

	postcard ['pəʊstka:d]	Postkarte
	to send [send], **sent** [sent]	schicken; senden
p. 97	**on foot** [ɒn 'fʊt]	zu Fuß
	would you like [ˌwʊd jə 'laɪk]	möchtest du
	I'd like (to) ... (= I would like (to)) [aɪd 'laɪk (tə)]	ich möchte ...; ich würde gerne ...

Reading corner

p. 100	**adventure** [əd'ventʃə]	Abenteuer
	attic ['ætɪk]	Dachboden
	a lot of [ə 'lɒt_əv]	viel; eine Menge
	diary ['daɪəri]	Tagebuch
	great-great-grandad [ˌgreɪt greɪt 'grændæd]	Ururopa
	today [tə'deɪ]	heute
	job [dʒɒb]	Job
	Australia [ɒs'treɪliə]	Australien
	to hate [heɪt]	hassen; nicht mögen
	to be sick [bi 'sɪk]	sich übergeben
	first mate [ˌfɜːst 'meɪt]	erster Offizier
	awful ['ɔːfl]	schrecklich; furchtbar
	hungry ['hʌŋgri]	hungrig
	potato *(sg)* [pə'teɪtəʊ], **potatoes** *(pl)* [pə'teɪtəʊz]	Kartoffel
p. 101	**storm** [stɔːm]	Sturm
	wave [weɪv]	Welle
	shout [ʃaʊt]	Schrei
	Man overboard! [mæn 'əʊvəbɔːd]	Mann über Bord!
	man *(sg)* [mæn], **men** *(pl)* [men]	Mann
	rope [rəʊp]	Seil
	beautiful ['bjuːtɪfl]	schön; hübsch
	shark [ʃaːk]	Hai
	so [səʊ]	deshalb; also
	bag [bæg]	Sack

wool [wʊl]	Wolle
sheep *(sg)* [ʃiːp],	Schaf
sheep *(pl)* [ʃiːp]	
life *(sg)* [laɪf], **lives** *(pl)* [laɪvz]	Leben

Film corner

p. 103
out and about [ˌaʊt̬ ən əˈbaʊt]	unterwegs
popcorn [ˈpɒpkɔːn]	Popcorn
Excuse me. [ɪkˈskjuːz mi]	Entschuldigung.
Can I come back for it later? [kæn aɪ ˈkʌm bæk ˌleɪtə]	Kann ich später nochmal wiederkommen?
sure [ʃʊə]	sicher

Speaking skills

p. 108
asking the way [ˌɑːskɪŋ ðə ˈweɪ]	nach dem Weg fragen
tourist [ˈtʊərɪst]	Tourist; Touristin
Can you tell me the way to …? [kæn juː ˈtel mi ðə ˌweɪ tə]	Kannst du mir sagen, wie ich nach … komme?
Tourist Information Centre [ˈtʊərɪst ɪnfəˈmeɪʃn ˌsentə]	Touristeninformation
along [əˈlɒŋ]	entlang
straight on [streɪt ˈɒn]	geradeaus
to **turn right** [ˌtɜːn ˈraɪt]	(nach) rechts abbiegen
at the end of the road [ət ði: ˈend ˌəv ðə ˌrəʊd]	am Ende der Straße
on the left [ɒn ðə ˈleft]	auf der linken Seite; links
on the right [ɒn ðə ˈraɪt]	auf der rechten Seite; rechts
opposite [ˈɒpəzɪt]	gegenüber
until [ʌnˈtɪl]	bis
to **turn left** [ˌtɜːn ˈleft]	(nach) links abbiegen

p. 109
hospital [ˈhɒspɪtl]	Krankenhaus

1 Match the words and write the places.

Ordne die Wörter zu und schreibe die Orte auf.

1. swimming	centre	_____
2. shopping	room	_____
3. sports	office	_____
4. post	shop	_____
5. living	studio	_____
6. recording	pool	_____

2 Write the verbs in the simple past.

Schreibe die Vergangenheitsformen auf.

1. I _____ (be) tired this morning.

2. We _____ (win) the game.

3. She _____ (see) a friend.

4. You _____ (buy) a CD.

5. They _____ (go) to school at 9 o'clock.

6. I _____ (have) a pizza.

7. She _____ (tell) us a story.

8. We _____ (do) our homework.

3 Write the words. Schreibe die Wörter auf.

1.

_____

2. _____

3.

_____

4. _____

5.

_____

6. _____

7.

_____

8. _____

9.

_____

4 Complete the sentences. Vervollständige die Sätze.

1. am Meer   He's _____ the _____ .

2. auf den Weg   She's _____ the _____ home.

3. Oje!   Oh _____ !

4. sich verirren   We often get _____ in London.

5. von hier   It's 2 hours _____ _____ .

6. Weißt du was?   Guess _____ ?

7. schwimmen gehen I _____ _____ after school.

5 Find the words. Finde die Wörter.

1. I don't like that food. It's _____ .

2. When's lunch? I'm very _____ .

3. I need my pullover. It's so _____ .

4. It's my birthday. I'm really _____ .

5. You're very _____ . Go to bed!

6. I love this beach. It's very _____ here.

7. This film is very _____ .

6 Choose the right word. Wähle das richtige Wort.

1. He lives _____ (in/at/on) the end _____ (in/to/of) the road.

2. Our house is _____ (in/at/on) the left.

3. Go straight _____ (at/in/on), then turn left into Bat Road.

4. Walk _____ (along/in/at) this road.

5. We go to school _____ (by/on/to) foot.

6. Let's go _____ (by/on/to) bus.

7. There's a nice café _____ (by/in/on) the way to town.

7 Complete the sentences. Vervollständige die Sätze.

1. _____ _____ into Old Walk.

2. Our house is _____ _____ _____ .

3. The park is at _____

_____ of the road.

4. _____ _____ into Park Road.

5. Go _____ on past the café.

8 Put in the right verb forms.

Vervollständige die Tabelle mit den richtigen Verbformen.

German	English (infinitive)	Simple past
1. sich verirren	_____	_____
2. _____	to send	_____
3. _____	_____	was, were
4. kaufen	_____	_____
5. _____	to go	_____
6. _____	_____	told

9 Match the sentence parts. Ordne die Satzteile zu.

1. Can you tell me
2. Excuse
3. The sea is two hours
4. Ah, my present! Can I
5. My dad's on
6. Guess
7. Today we're
8. The café is opposite
9. What, no trains? Well,

a) come back for it later?
b) out and about in London.
c) the Tourist Information Centre.
d) can I go there by bus then?
e) from here!
f) the way to Greenwich, please?
g) me. Where's the post office?
h) what?
i) his way here.

● **10 Write the opposite.** Schreibe das Gegenteil auf.

1. to love _____

2. good _____

3. right _____

4. new _____

5. great _____

6. evening _____

● **11 Write the words in English or German.**

Schreibe die Wörter auf Englisch oder Deutsch.

1. _____ Boot

2. plane _____

3. _____ U-Boot

4. helicopter _____

5. _____ Straßenbahn

6. motorbike _____

7. _____ U-Bahn

● **12 Write the words.** Schreibe die Wörter auf.

1.  _____ 3.  _____

2. _____ 4.  _____

●13 Complete the answers. Vervollständige die Antworten.

1. What do some people write in every day? In a _____ .

2. Who is your dad's dad's dad's dad? He's your _____

   _____ .

3. What do people get from a sheep?

   They get _____ .

4. Where can you find lots of trains? In the _____ .

5. Who does the captain's job when he or she is sick?

   The _____ .

6. Where can you get books (not a shop)? In the _____ .

●14 Plurals. Die Mehrzahl.

a) Write the plurals.
Schreibe die Mehrzahl.

b) Write them in German.
Schreibe sie auf Deutsch.

1. life   _____   _____

2. man   _____   _____

3. sheep   _____   _____

4. diary   _____   _____

5. adventure   _____   _____

Unit 6 A trip to the country

Way in

p. 110	**country** [ˈkʌntri]	ländliche Gegend; Land
	farm [fɑːm]	Bauernhof
	school trip [ˌskuːl ˈtrɪp]	Klassenfahrt
	holiday [ˈhɒlədeɪ]	Urlaub; Ferien
	in the country [ɪn ðə ˈkʌntri]	auf dem Land
	to meet [miːt], **met** [met]	kennen lernen
	us [ʌs]	uns; wir
	farmer [ˈfɑːmə]	Bauer; Bäuerin; Landwirt; Landwirtin
	daughter [ˈdɔːtə]	Tochter
	chicken [ˈtʃɪkɪn]	Huhn
p. 111	**modern** [ˈmɒdn]	modern
	GPS *(Global Positioning System)* [ˌdʒiːpiːˈes]	GPS
	collar [ˈkɒlə]	Halsband
	tractor [ˈtræktə]	Traktor
	near [nɪə]	in der Nähe von
	rock climbing [ˈrɒk ˌklaɪmɪŋ]	Klettern
	canoeing [kəˈnuːɪŋ]	Kanufahren
	needn't [ˈniːdnt]	nicht brauchen; nicht müssen
	to worry [ˈwʌri]	sich Sorgen machen
	came [keɪm]	simple past von *to come* (kommen)
	to click [klɪk]	klicken
p. 110	**fed** [fed]	simple past von *to feed* (füttern)
	scary [ˈskeəri]	beängstigend
p. 111	**Would you like (to)...?** [ˌwʊd jə ˈlaɪk (tə)]	Möchtest du …?
	I'd like (to) ... (= I would like (to) [aɪd ˈlaɪk (tə)]	ich möchte …; ich würde gerne …

I wouldn't like (to) ...
[aɪ 'wʊdnt laɪk (tə)]
boring ['bɔːrɪŋ]

ich möchte nicht …;
ich würde nicht gerne …
langweilig

Station 1

clothes			
coat [kəʊt]	Jacke	**scarf** *(sg)*	Schal;
trousers *(pl)*	Hose;	[skɑːf],	Tuch
['traʊzəz]	Hosen	**scarves** *(pl)*	
		[skɑːvz]	
shoe [ʃuː]	Schuh	**trainer** ['treɪnə]	Turnschuh
sock [sɒk]	Socke		
sweatshirt	Sweat-	**shorts** *(pl)*	Shorts;
['swetʃɜːt]	shirt	[ʃɔːts]	kurze
			Hose
jeans *(pl)*	Jeans		
[dʒiːnz]		**cap** [kæp]	Kappe;
			Mütze
skirt [skɜːt]	Rock	**blouse** [blaʊz]	Bluse
T-shirt ['tiːʃɜːt]	T-Shirt	**top** [tɒp]	Top

p. 112 **phone call** ['fəʊn ˌkɔːl]   Anruf; Telefongespräch
How are you? [ˌhaʊ ˈɑː jə]   Wie geht es dir?
arm [ɑːm]   Arm
better ['betə]   besser
horse riding ['hɔːs ˌraɪdɪŋ]   Reiten
picnic ['pɪknɪk]   Picknick
wore [wɔː]   simple past von *to wear*
     (tragen)

helmet ['helmət]   Helm
Sorry. ['sɒri]   Tut mir leid.; Entschuldigung.
must [mʌst]   müssen
to **stop** [stɒp]   aufhören
night walk ['naɪt wɔːk]   Nachtwanderung

	warm [wɔːm]	warm
	See you soon. [ˈsiː juː suːn]	Bis bald.
p. 113	**apple** [ˈæpl]	Apfel
	pretty [ˈprɪti]	hübsch
	chic [ʃɪk]	schick; elegant
p. 114	**friendly** [ˈfrendli]	freundlich; nett
	to break [breɪk], **broke** [brəʊk]	brechen; kaputt machen
	class [klɑːs]	Klasse
	test [test]	Test; Klassenarbeit
p. 115	**back** [bæk]	zurück
	Wales [weɪlz]	Wales
	the best [ðə ˈbest]	der/die/das beste
	I'm fine. [aɪm ˈfaɪn]	Mir geht es gut.
	dinner [ˈdɪnə]	Mittagessen; Abendessen

Station 2

weather

sunny [ˈsʌni]	sonnig		**warm** [wɔːm]	warm
hot [hɒt]	heiß		**cold** [kəʊld]	kalt
to rain [reɪn]	regnen		**cool** [kuːl]	kühl
wet [wet]	nass		**dry** [draɪ]	trocken
windy [ˈwɪndi]	windig		**mild** [maɪld]	mild
cloudy [ˈklaʊdi]	wolkig		**foggy** [ˈfɒgi]	neblig

p. 116	**to go on a night walk** [gəʊ ɒn ə ˈnaɪt wɔːk]	eine Nachtwanderung machen
	torch [tɔːtʃ]	Taschenlampe
	dark [dɑːk]	dunkel
	heard [hɜːd]	simple past von *to hear* (hören)
	got [gɒt]	simple past von *to get* (werden)

	because [bɪ'kɒz]	weil; da
	Best wishes [ˌbest 'wɪʃɪz]	Mit den besten Wünschen
	Devon ['devn]	*Grafschaft in Südwestengland*
	Any idea? [ˌeni 'aɪdɪə]	Irgendeine Idee?
p. 117	**What's the weather like?** [ˌwɒts ðə 'weðə laɪk]	Wie ist das Wetter?
p. 118	**card** [kɑːd]	Spielkarte
	alarm clock [ə'lɑːm ˌklɒk]	Wecker
	in time [ɪn 'taɪm]	rechtzeitig
p. 119	**basketball** ['bɑːskɪtbɔːl]	Basketball
	ate [eɪt]	simple past von *to eat* (essen)
	Say hi to … [seɪ 'haɪ tə]	Grüße … von mir.
	to phone [fəʊn]	anrufen; telefonieren
	fantastic [fæn'tæstɪk]	fantastisch
	to answer ['ɑːnsə]	antworten; beantworten
	text message ['tekst ˌmesɪdʒ]	Textnachricht *(SMS)*

Reading corner

p. 120	**stuck in the mud** [ˌstʌk ɪn ðə 'mʌd]	im Schlamm festgesteckt
	mud [mʌd]	Schlamm; Matsch
	wheelchair ['wiːltʃeə]	Rollstuhl
	problem ['prɒbləm]	Problem
	said [sed]	simple past von *to say* (sagen)
	river ['rɪvə]	Fluss
	to look for ['lʊk fə]	suchen (nach)
p. 121	**to be stuck** [bi 'stʌk]	feststecken
	Come on! [ˌkʌm 'ɒn]	Komm jetzt!
	behind [bɪ'haɪnd]	hinter
	to push [pʊʃ]	schieben
	to pull [pʊl]	ziehen
	its [ɪts]	sein; ihr
	foot *(sg)* [fʊt], **feet** *(pl)* [fiːt]	Fuß
	out of ['aʊt ˌəv]	aus … heraus

to **fall** [fɔːl], fell [fel]	fallen; hinfallen
face [feɪs]	Gesicht
minute ['mɪnɪt]	Minute

Film corner

p. 123	**cache box** ['kæʃ ˌbɒks]	*Schatzkiste beim Geocaching*
	geocaching ['dʒiəʊkæʃɪŋ]	Geocaching
	cache [kæʃ]	Cache *(Geheimschatz)*

Es hilft dir beim Vokabellernen
Wörter in Wortfeldern
zusammenzufassen. Mach dir ein
Poster und hänge es in deinem
Zimmer auf:

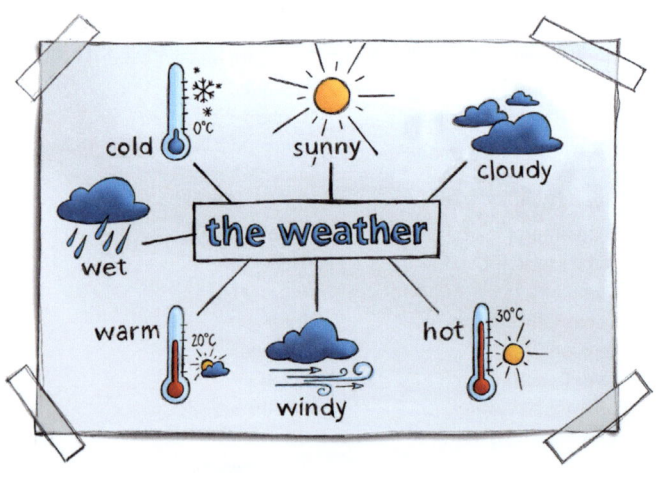

1 **Write the words.** Schreibe die Wörter auf.

1. _____   2. _____

3. _____   5. _____

4. _____   7. _____

6. _____

2 **Write the wrong word.** Schreibe das falsche Wort auf.

1. came • fed • worry • met   _____

2. scary • modern • boring • country   _____

3. holiday • farmer • school trip • click _____

4. canoeing • exciting • climbing • swimming _____

5. GPS • near • collar • sheep   _____

3 Complete the dialogue. Vervollständige den Dialog.

A: Would you _____ to be a farmer?

B: No, but _____ like to have a holiday on a farm.

A: Yes, on a farm there are lots of _____: sheep,

horses and chickens. You can _____ the chickens and

eat their _____.

B: Yes, that's cool for a week or two. But I _____

like to be a farmer because they have to work all day.

4 What can you wear? Write down the words.

Was kann man tragen? Schreibe die Wörter auf.

H	E	L	M	E	T	J
X	L	N	S	Y	R	E
V	S	H	O	E	O	A
A	K	C	C	C	U	N
J	I	O	K	B	S	S
T	R	A	I	N	E	R
N	T	T	Z	E	R	D
S	C	A	R	F	S	A

W_

5 Find the words. Finde die Wörter.

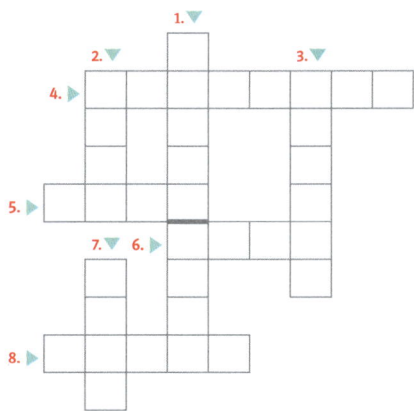

▶ across
4. A nice person likes people: He or she is … .
5. good – better – the …
6. past tense of "wear"
8. past tense of "break"

▼ down
1. It's an activity: out and about at night (2 words).
2. How are you? – I'm …, thanks.
3. a meal in the evening
7. not very hot and not cold

6 Complete the dialogue. Vervollständige den Dialog.

Helen: **Pupils from Greenwich High School want to** _g_____

on a night walk tonight, Geoff. _M_____ **they take their scarves**

with them?

Geoff: **No, Helen. They're lucky! It's** _h_____ **and** _s_____

in London now and they needn't worry about the weather later.

Helen: **And what's the** _w_____ **like in other places today?**

Geoff: **Well, it isn't too bad in England. It's** _cl_____

but it isn't _c_____ **. People aren't so lucky in Wales**

_b_____ **there it's** _w_____ **and very** _w_____ **.**

7 Find the word pairs. Put them in the sentences.
Finde die Wortpaare. Schreibe sie in den richtigen Sätzen.

1. _____ is the opposite of _____ .

2. We say one _____ but two _____ .

3. _____ is the simple past of _____ .

4. You can go _____ on a _____ .

8 Write the simple past.

Schreibe die Vergangenheitsform auf.

1. fall _____

2. wear _____

3. hear _____

4. break _____

5. get _____

6. eat _____

9 Find the 12 words. Write them in the chart.

Finde die zwölf Wörter. Schreibe sie in die Tabelle.

S	H	O	R	T	S	M	I	L	D
F	B	L	O	U	S	E	M	B	L
O	S	T	U	R	I	D	I	N	G
G	E	O	C	A	C	H	I	N	G
G	I	P	A	C	O	O	L	U	D
Y	A	G	P	X	P	A	D	R	Y
B	A	S	K	E	T	B	A	L	L
R	C	C	A	N	O	E	I	N	G

Weather	Clothes	Hobbies
_____	_____	_horse r_____
_____	_____	_____
_____	_____	_____
_____	_____	_____

●10 Match the words and translate into German.

Ordne die Wörter zu und übersetze ins Deutsche.

1. I'm   careful!   _____ _____

2. Well   on.   _____ _____

3. Be   stuck!   _____ _____

4. Any   done!   _____ _____

5. Come   idea?   _____ _____

●11 Write the words. Schreibe die Wörter auf.

1. _____   3. _____

2. _____   4. _____

●12 Find the words. Write them down.

Finde die Wörter und schreibe sie an der richtigen Stelle auf.

ringbo • cchi • ourfulcol • ttrepy • demorn • sacry

1. This isn't black or white.   _____

2. She looks good.   _____

3. It's not old.   _____

4. This film is more than exciting. _____

5. It's the opposite of exciting.   _____

6. The trousers look good.   _____

Welcome – Hello/Zoom in – In a park

1. Hello, I'm Jonas. What's your name? / My name is Elena.
   Nice to meet you. / It's time to go. / Yes. See you later.
2. Hello!/Hi! My name is …. I like sport/animals/music.
   Goodbye!/Bye!
3. 1. I like English. 2. I like music. 3. I like my computer.
   4. I like Ben (the bat). 5. I like sport/football.
4. 1. three, 2. eight, 3. seven, 4. five, 5. six, 6. nine, 7. eight
5. 1. sport, 2. people, 3. number, 4. park, 5. colour, 6. activity
6. 1. park, 2. black, 3. cool, 4. play, 5. something, 6. tennis,
   7. activities
7. red, yellow, pink, purple, orange, grey, blue, black, brown,
   green, white
8. 1. purple, 2. green, 3. orange, 4. white, 5. pink, 6. brown

Unit 1

1. 1. Germany, 2. fan, 3. bike, 4. pet, 5. crazy, 6. photo, 7. twelve,
   8. eleven, 9. cat, 10. cool
2. mother/mum, father/dad, sister, brother
3. uncle, aunt, grandmother, grandfather, cousin, parents
4. 1. his sister, 2. her brother, 3. my friend, 4. our family,
   5. my house
5. 1. table, 2. chair, 3. bed, 4. shelf, 5. shelves, 6. poster, 7. book
6. 1. house, 2. funny, 3. later, 4. then, 5. dream, 6. night,
   7. busy, 8. tree
7. 1. kitchen, 2. bathroom, 3. bedroom, 4. dining room, 5. living
   room, 6. garden
8. individuelle Lösung
9. 1. on, 2. next to, 3. under, 4. next to, 5. in
10. 1. lamp – Lampe, 2. scarf – Schal, 3. carpet – Teppich, 4. bed –
    Bett, 5. wardrobe – Kleiderschrank, 6. trainer – Turnschuh,
    7. book – Buch, 8. computer – Computer, 9. table – Tisch
11. 1. noise, 2. parents, 3. uncle, 4. wood, 5. alarm clock,
    6. ladder, 7. tree house, 8. ready

Unit 2

1 1. eat, 2. can go, 3. can open, 4. can sing, 5. can dance,
6. can talk

2 1. year – Jahr, 2. uniform – Uniform, 3. school – school,
4. place – Platz, 5. playground – Schulhof, 6. teacher – Lehrer

3 1. pen, 2. eraser, 3. ruler, 4. exercise book, 5. bag , 6. pencil

4 1. red pencil, 2. write, 3. an eraser, 4. sit, 5. Open , 6. exercise
book

5 1. week, 2. singer, 3. classroom, 4. very, 5. window, 6. talent
show, 7. please, 8. really, 9. recording studio, 10. tutor

6 1. boy – girl, 2. hand – finger, 3. teacher – student,
4. question – answer, 5. singer – song, 6. open – close

7 1. an, 2. a, 3. an, 4. a, 5. a, 6. a, 7. an, 8. an, 9. a, 10. an

8 1. read, 2. talk/listen, 3. sit, 4. listen, 5. do/play, 6. say,
7. write, 8. look

9 1. Thursday, Design Technology, 2. Tuesday, Friday
3. Monday, Maths, 4. Wednesday

10 1. French, 2. Physical Education, 3. German, 4. Saturday,
Sunday, 5. Music

11 1. timetable, 2. subject, 3. spelling, 4. alphabet, 5. joke
6. lesson

12 1. You're right. 2. Ich bin gut in Französisch.
3. Du schließt Freundschaften. 4. I like chewing gum.
5. Can you spell that, please?

● **13** 1. langweilig (boring), 2. Gewinner (winner), 3. Saxophon
(saxophone), 4. Restaurant (restaurant), 5. schwierig (difficult)

● **14** School things: calculator, glue, felt-tip, pencil case, pen
School subjects: Information, Technology, Geography, Maths,
History, RE, PE

Unit 3

1 1. cinema, 2. netball, 3. free time, 4. football practice,
5. team, 6. watch, 7. Every, run

2 1. captain – Kapitän/Kapitänin, 2. famous – berühmt,
3. around – herum/umher, 4. programme – Programme/
Sendung, 5. lunchtime – Mittagspause/Mittagszeit,
6. after – nach

3 1. watch – ansehen, 2. help – helfen, 3. love – lieben, 4. run – rennen, 5. win – gewinnen, 6. want – wollen, 7. come – kommen

4 1. bear, 2. bird, 3. parrot, 4. horse, 5. elephant, 6. snake

5 24, 88, 30, 63, 29, 58, 100, 12

6 1. sixteen, 2. twenty-five, 3. twelve, 4. ninety, 5. twenty, 6. seventeen, 7. ninety-nine, 8. forty

7 a) 1. grass, 2. bananas, 3. meat, 4. fruit, 5. mice, 6. plants
b) 1. grass, 2. bananas, 3. meat, 4. A parrot eats fruit. 5. A snake eats mice. 6. An elephant eats plants.

8 1. The zookeeper gets up. 2. He eats a banana for breakfast. 3. He goes/walks to the zoo. 4. First he feeds the penguins. 5. After that he plays with the monkey. 6. Their cages are dirty. 7. He cleans their cages. 8. The monkeys only drink water. 9. He is in the zoo for nine hours a day.

9 a) + b) 1. meat – Fleisch, 2. why – warum, 3. afternoon – Nachmittag, 4. also – auch, 5. story – Geschichte, 6. interview – Interview, 7. long – lang, 8. small – klein, 9. magazine – Zeitschrift, 10. tea – Tee, 11. profile – Profil, 12. work – Arbeit; arbeiten, 13. how – wie, 14. age – Alter

10 1. 10:30, 2. 4:15, 3. 7:45, 4. 8:50

● **11** 1. one fifteen, 2. ten past three, 3. It's five thirty, 4. It's eight forty-five, a quarter to nine 5. It's ten fifteen, a quarter past ten

Unit 4

1 → 2. June, 4. January, 7. April,
↓ 1. February, 3. March, 5. July, 6. May

2 a) 1. August – August, 2. September – September, 3. October – Oktober, 4. November – November 5. December – Dezember
b) 1. December, 2. January

3 1. small ↔ big, 2. always ↔ never, 3. bad ↔ good
4. fire ↔ water

4 a) 1. always – immer, 2. often – oft, 3. sometimes – manchmal, 4. never – nie
b) 1. always, 2. sometimes, 3. never, 4. often

5 1. milch, 2. sandwich, 3. orange, 4. chocolate, 5. cake, 6. cheese

6 Food: bar of chocolate, crisp, sugar, butter, egg, nut
Drink: water, milk, coke, tea

7 1. Let's celebrate! 2. I always invite all my friends.
3. First we eat my birthday cake. 4. Then we go to the
cinema. 5. In the evening we have a barbeque party.

8 Musterlösung: We eat chocolate cake, fruit, sweets, crisps and
sandwiches. We go to the park/cinema, watch movies, play
games, have a barbeque party …

9 1. present – Geschenk, 2. surprise – Überraschung, 3. cute –
süß/niedlich, 4. everyone – jede(r)/alle, 5. packet – Packung/
Tüte, 6. candle – Kerze, 7. together – zusammen, 8. costume –
Kostüm

10 1. bottle, 2. balloon, 3. box, 4. money

11 first, second, ninth, twelfth, twentieth, hundredth

12 1st: banana, 2nd: clothes, 3rd: nose, 4th: CD

13 1. drums, 2. brilliant, 3. bottle, 4. date, 5. scary, 6. sweet,
7. invitation, 8. story, 9. snack, 10. things, 11. Christmas,
12. candle, 13. box, 14. sleepover

● **14** 1. of course, 2. present, 3. flour, 4. biscuit, 5. doorbell,
6. birthday

● **15** 1. milk/water/lemonade/coke, 2. eggs/chocolates, 3. bread,
4. chocolate, 5. apples/crisps/flour/ nuts,
6. tomatoes/peaches/pet food, 7. butter/biscuits/tea/…

Unit 5

1 1. swimming pool, 2. shopping centre, 3. sports shop,
4. post office, 5. living room, 6. recording studio

2 1. was, 2. won, 3. saw, 4. bought, 5. went, 6. had, 7. told,
8. did

3 1. train, 2. car, 3. chips, 4. bus, 5. bike, 6. ship, 7. beach,
8. sea, 9. house

4 1. at, seaside, 2. on, way, 3. dear, 4. lost, 5. from here,
6. what, 7. go swimming

5 1. awful, 2. hungry, 3. cold, 4. happy, 5. tired, 6. beautiful,
7. exciting

6 1. at, of, 2. on, 3. on, 4. along, 5. on, 6. by, 7. on

7 1. Turn left, 2. on the right, 3. the end, 4. Turn right,
5. straight

8 1. get lost, got lost, 2. schicken, sent, 3. sein, to be,
4. to buy, bought, 5. gehen, went, 6. erzählen, to tell

9 1. – f), 2. – g), 3. – e), 4. – a), 5. – i), 6. – h), 7. – b), 8. – c),
9. – d)

● **10** 1. to love ↔ to hate, 2. good ↔ bad, 3. right ↔ left
4. new ↔ old, 5. great ↔ awful, 6. evening ↔ morning

● **11** 1. boat, 2. Flugzeug, 3. submarine, 4. Hubschrauber,
5. tram, 6. Motorrad, 7. underground

● **12** 1. attic, 2. shark, 3. bags, 4. wave(s)

● **13** 1. diary, 2. great-great-grandad, 3. wool, 4.station,
5. first mate

● **14** 1. lives – Leben, 2. men – Männer, 3. sheep – Schafe,
4. diaries – Tagebücher, 5. adventures – Abenteuer

Unit 6

1 1. farm/farm house/house, 2. sheep, 3. dog, 4. tractor, 5. horse,
6. farmer, 7. chicken

2 1. worry, 2. country, 3. click, 4. exciting, 5. near

3 like, I'd, animals, can, eggs, wouldn't

4 helmet, shoe, trainer, scarf, skirt, coat, sock, trousers, jeans

5 → 2. friendly, 4. best, 5. wore, 7. broke
↓ 1. night walk, 2. fine, 3. dinner, 6. warm

6 go, must, hot, sunny, weather, cloudy, cold, because, wet, windy

7 1. pull – push, 2. foot – feet, 3. said – say, 4. canoeing – river

8 1. fell, 2. wore, 3. heard, 4. broke, 5. got, 6. ate

● **9** Weather: foggy, mild, dry, cool
Clothes: cap, blouse, top, shorts
Hobbies: geocaching, basketball, canoeing, horse riding

● **10** 1. I'm stuck – Ich stecke fest, 2. Well done! – Gut
gemacht!, 3. Be careful! – Sei vorsichtig!, 4. Any idea? –
Irgendeine Idee?, 5. Come on! – Komm jetzt!

● **11** 1. shorts, 2. blouse, 3. cap, 4. wheelchair

● **12** 1. colourful, 2. pretty, 3. modern, 4. scary, 5. boring, 6. chic

W

Notizen